Couvertures supérieure et inférieure manquantes

MÉMOIRE

A MONSIEUR

LE PRÉFET DE LA GIRONDE

PAR

LES HABITANTS DE LA TRESNE

BORDEAUX

ÉTABLISSEMENT TYPOGRAPHIQUE D'AUGUSTE LAVERTUJON

7, rue des Treilles, 7

1865

MÉMOIRE

A MONSIEUR LE PRÉFET DE LA GIRONDE

PAR LES HABITANTS DE LA TRESNE

Monsieur le Préfet,

La commune de La Tresne lutte dans ce moment pour la défense de ses traditions religieuses, pour le maintien de la concorde entre ses habitants et pour la conservation de ses finances.

Le spirituel et le temporel, en se mêlant, ont fait surgir un conflit regrettable entre l'autorité municipale et l'autorité religieuse. Nous nous adressons à vous, pleins de confiance dans votre sollicitude et votre sagesse, pour le faire cesser.

Nous donnons de la publicité à nos plaintes, afin que l'opinion publique puisse venir en aide aux habitants d'une commune rurale, blessés dans leurs sentiments, menacés dans leurs intérêts et dans leurs droits.

Voici ce qui se passe à La Tresne :

L'autorité religieuse a fait fermer l'église paroissiale depuis le mois de janvier 1864, et toutes les pétitions des habitants, les sollicitations du Maire, les délibérations du Conseil municipal de la commune, et les efforts bienveillants de l'autorité administrative ont été impuissants pour décider

Son Éminence le Cardinal-Archevêque de Bordeaux à rouvrir cette église et à y rétablir le service divin.

Quels sont les motifs de cette détermination si contraire aux vœux les plus légitimes ?

Monseigneur a d'abord déclaré que l'église paroissiale, fort ancienne aujourd'hui, ne pouvait plus servir, en son état actuel, à la célébration des offices.

Les fidèles ont opposé leur profond attachement à leur vieille église ; ils ont dit qu'elle rappelait leurs souvenirs les plus chers et leurs devoirs les plus sacrés, puisque autour d'elle reposent les cendres de leurs ancêtres. Les femmes et les vieillards ont exprimé leur douleur par des plaintes; les hommes ont comprimé la leur, dans l'espoir qu'ils pourraient se faire entendre enfin par l'organe de leurs représentants légaux. Tous ces travailleurs de la terre pensent que les baptêmes, les communions, les cérémonies funèbres, les mariages, longtemps pratiqués dans un même édifice, le consacrent, le sanctifient, et en fixent à jamais la destination. Ils croient que la religion restera toujours grande et au dessus des spéculations plus ou moins artistiques, des habitudes nouvelles d'élégance, et de ce qu'on nomme le confortable de la vie moderne.

Il s'agit de la campagne, où la tradition est l'autorité la plus respectée ; où l'on s'applique — et ce n'est pas le clergé qui doit s'en plaindre — à faire comme ses prédécesseurs.

Les habitants de La Tresne ont donc songé à réparer leur église. Riches et pauvres, administrés et administrateurs, les hommes de l'art et Monsieur le Préfet, qui est venu s'assurer, par lui-même, de l'état du monument, ont été d'avis que ces réparations étaient possibles, et la commune s'est occupée de faire les fonds nécessaires à leur prompte et parfaite exécution.

Une souscription signée par deux cent trente-sept habitants de La Tresne s'est élevée en peu de temps à la somme de 7,724 francs. Le Conseil municipal a décidé à l'unanimité, dans sa séance du 14 février 1864, qu'il y avait lieu de faire exécuter sans retard, à l'église paroissiale, les réparations qu'elle exige ; qu'il serait pourvu à cette dépense au moyen de la souscription volontaire des habitants et des secours promis par Monsieur le Préfet.

Et, dans les séances des 14 et 21 août suivant, le même Conseil a voté à l'unanimité l'acceptation des plans et devis de M. Grellet, architecte, relatifs à ces travaux de restauration, et décidé qu'ils seraient soumis à l'approbation de M. le Préfet ; qu'on lui remettrait également la liste de souscription, afin qu'il puisse la faire recouvrer par le Receveur municipal. — La délibération du 21 août se terminait par ce vœu :

« Le Conseil espère que M. le Préfet usera de sa haute et légitime influence auprès de l'Archevêque *pour faire rétablir le plus tôt possible le culte dans l'ancienne église.* »

Ce vœu ne paraît pas près de recevoir satisfaction. Cependant, son urgence se trouve motivée dans une délibération du Conseil de la commune, en date du 1ᵉʳ mai 1864, il y aura bientôt un an, en des termes qui ont dû émouvoir le Directeur spirituel du diocèse de Bordeaux, Son Éminence le Cardinal, qui a charge d'âmes des habitants de La Tresne. Cette partie de la délibération est ainsi conçue :

« La Municipalité, *à la suite de vives et nombreuses réclamations qui lui ont été adressées depuis que l'exercice du culte divin a été interrompu dans l'église paroissiale pour être célébré dans la chapelle appartenant à M. le comte de Bonneval*, a dû informer les autorités supérieures *de l'état de perturbation* qui s'était produit dans la commune, puis rechercher et indiquer les moyens à prendre pour mettre fin à une situation *aussi dangereuse pour les intérêts de la religion que pour l'ordre public.* »

Ainsi, en vue d'obtenir le rétablissement du culte catholique dans leur église paroissiale, les habitants de La Tresne pétitionnent, ils s'imposent des sacrifices relativement considérables par des souscriptions individuelles ; les représentants de la commune votent et acceptent tout ce qu'il faut pour arriver à ce résultat; on prie M. le Préfet d'user de son influence auprès de l'Archevêque : on devait compter que Monseigneur ne résisterait pas à des sollicitations et des vœux si conformes aux devoirs de son ministère.

C'était l'espérance générale. Elle a été jusqu'à présent bien déçue.

Le 21 novembre 1864, à la suite de ces délibérations et des demandes qu'elles font suffisamment comprendre, M. le Maire de La Tresne reçut une lettre de M. le Préfet de la Gironde qui faisait pressentir des difficultés suscitées par Monseigneur et annonçait le retard qu'il apportait à la solution de l'affaire.

Voici cette lettre :

« Monsieur le Maire,

» Son Éminence Monseigneur le Cardinal-Archevêque de Bordeaux vient de me renvoyer les pièces relatives au projet de restauration de l'ancienne église de La Tresne, en faisant observer qu'il est nécessaire de les communiquer au Conseil de fabrique pour avoir son avis, et qu'il faudra ajouter aux dépenses pour le bâtiment celle exigée par le remplacement d'une partie du mobilier, qui est hors de service.

» Je vous renvoie en conséquence le dossier de l'affaire, afin que vous soyez à même de compléter ainsi l'instruction.

» Recevez, etc.
» *Le Préfet,*
» Comte DE BOUVILLE. »

La véritable pensée de Monseigneur n'avait pas été exprimée à M. le Préfet; car, contrairement à ce que cette lettre dit formellement, l'instruction complémentaire demandée à M. le Maire, et à laquelle celui-ci s'empressa de procéder, ne devait avoir aucune influence sur la réalisation du projet de réparer l'ancienne église et du vœu d'y rétablir l'exercice du culte.

C'est ce que démontre la lettre suivante, écrite le 5 décembre de la même année par Monseigneur au Curé de La Tresne :

« Monsieur le Curé,

» *Vous m'informez que M. le Maire de La Tresne réclame l'avis du Conseil de fabrique sur le projet de restauration de l'ancienne église de cette paroisse*, et vous me demandez des instructions à cet égard. Lorsqu'il y aura lieu de réaliser ce projet, la Fabrique devra être entendue, *mais il n'est pas temps encore de s'occuper de ces soins.* Il sera nécessaire, avant tout, qu'on ait procuré à la paroisse une église placée au centre, ainsi que je m'en suis expliqué auprès de M. le Maire par ma lettre du 12 avril dernier. *Cette condition essentielle et préalable n'ayant pas été remplie, il n'y a pas lieu actuellement à ce que la Fabrique examine le projet de réparation sur lequel elle est consultée.*

» Je vous renouvelle, Monsieur le Curé, etc.

» *Le Cardinal,*
» Ferdinand DONNET. »

Une pareille lettre, ayant pour but d'empêcher le Conseil de fabrique de donner une réponse que le Maire avait été invité à lui demander par l'Archevêque lui-même, d'après la lettre de Monsieur le Préfet du 21 novembre, pourrait être sévèrement critiquée en sa forme et au fond. Nous nous bornerons à faire remarquer combien est étrange cette déclaration : que la condition essentielle et préalable, pour que la restauration de l'ancienne église se fasse, c'est qu'on ait procuré à la paroisse une autre église centrale. — Comment ! la commune est obligée, pour exécuter ces réparations, estimées 11,500 francs par M. Grellet, de recourir aux souscriptions individuelles, à l'intervention de l'État, et d'épuiser ses propres ressources, et le Chef du Diocèse annonce résolument que cette réparation ne sera permise que lorsqu'on aura construit une nouvelle église !

Cette pensée est pourtant bien arrêtée dans l'esprit de Monseigneur, qui l'avait déjà exprimée dans la lettre suivante, adressée à M. le Maire de La Tresne :

« Paris, au Sénat, le 12 avril 1864.

» Monsieur le Maire,

» Par la lettre que vous m'avez écrite le 29 du mois dernier, vous m'entretenez du vif désir que manifeste une partie de la population de La Tresne de conserver son ancienne église et de la voir servir au culte divin. Ce sentiment est bien légitime. J'ai su le comprendre et l'apprécier, puisque j'ai fait savoir que, non seulement cette église n'était pas interdite, mais qu'en outre, je serais disposé à y faire remplir un service régulier au moyen d'un vicaire.

» Depuis le 1er février dernier, le culte paroissial a été transféré dans une église nouvelle *existant au centre de la commune*. On n'a pas dû être surpris de cette mesure. Je l'avais annoncée depuis longtemps, et, après l'avoir différée autant que possible, j'ai eu soin, Monsieur le Maire, de vous la notifier par ma lettre du 13 décembre dernier. Dès lors, tout le monde a dû s'y attendre.

» On n'a pas à se plaindre de cette décision ; car il a été juste de satisfaire, après une longue et inutile expectative, *aux besoins comme aux vœux de la grande majorité de la population*.

» Quant au service de l'ancienne église, je ne refuse nullement ; mais il faut évidemment une église au centre.

» *Que la commune la fasse bâtir, si le Conseil municipal persiste à refuser celle qui lui a été offerte*. Avant tout, cette condition est essentielle ; mon devoir est de la réclamer de nouveau.

» Le service de l'ancienne église aura lieu par les soins d'un vicaire, lorsque le Conseil municipal, adoptant la proposition que j'ai déjà faite, aura *ménagé les moyens de doter la paroisse d'un vicariat*.

» Que le Conseil municipal se prononce sur ces deux points dans un sens favorable. *A ce prix, je serai heureux de procurer un service à l'ancienne*

CAHIER (S) OU PAGE (S) INTERVERTI (S) A LA COUTURE RETABLI (S) A LA PRISE DE VUE.

DE LA PAGE 9
À LA PAGE 16

église, et de voir cesser dans la commune de La Tresne des divisions que je déplore.

» Recevez, Monsieur le Maire, etc.

» FERDINAND,
» *Cardinal-Archevêque.* »

Monseigneur, dans cette lettre, paraît croire qu'il fait de grandes faveurs à la commune; cependant, il faut convenir que ses demandes sont plus coûteuses et plus difficiles que celle qu'on lui adressait. — Une église à bâtir, une autre à réparer, un vicariat à doter, c'est énorme. A ce prix, que la commune devra payer, Monseigneur sera heureux de procurer un service à l'ancienne église; mais c'est la commune qui, en ce cas, l'aura procuré, comme c'est elle qui aura fait cesser de déplorables divisions produites par les exigences de Monseigneur.

Monseigneur se fonde, pour dire qu'il faut absolument une église centrale à La Tresne, sur les besoins et les vœux de la grande majorité de la population, mais il ne dit rien des ressources de la commune. Ce point n'est pas moins essentiel que tout autre; car, à moins de voir les choses de Paris, où la passion de bâtir dispose de ressources colossales et enfante de somptueuses merveilles, on ne peut pas raisonnablement proposer à une petite commune rurale les charges que nous venons d'énumérer, et que leurs accessoires, prévus et imprévus, rendraient bientôt insoutenables.

Mais cette *grande majorité* de la population réclamant une église centrale, elle n'existe pas et n'a jamais existé. Du reste, l'affirmer, c'est donner à penser que le Conseil municipal représente tout au plus une petite minorité. Or, cette supposition peu flatteuse pour le Conseil, et peut-être illégale, est heureusement mal fondée.

Ce qui est certain et démontré, c'est que la presque unanimité des habitants de La Tresne demande surtout, et avant tout, le rétablissement du culte dans l'ancienne église. Les pétitions et souscriptions des habitants, et les délibérations du Conseil, non seulement expriment avec énergie ce vœu, mais encore ont pourvu aux moyens de le réaliser par la restauration de cette église.

Monseigneur se préoccupe, évidemment, beaucoup moins de ce vœu, signe d'une piété fervente, que de la construction ou de l'achat d'une nouvelle église ; il faut bien le dire, malgré notre profond respect, lui-même crée le principal obstacle à ce qu'il reçoive satisfaction, puisqu'il s'oppose, toutes les fois qu'il en trouve l'occasion, à la réparation de l'ancienne église.

Ainsi, on lit dans une lettre écrite par Mgr l'Archevêque à M. le Maire le 13 décembre 1863 :

« Je vous ai prié, il y a déjà quelque temps, d'informer le Conseil municipal de La Tresne, qu'attendu la situation très défavorable de l'église de cette paroisse, l'état de dégradation où elle se trouve *et les inconvénients très graves qu'il y aurait à la réparer*, on devrait aviser aux moyens d'avoir une nouvelle église et de la rendre aussi centrale que possible, afin de la rapprocher du plus grand nombre des habitations. »

Toutefois, les inconvénients de cette réparation et l'impossibilité de célébrer le culte dans cette église disparaîtraient, ainsi que cela résulte de la lettre du 12 avril 1864, si la commune acceptait l'église centrale qui lui est offerte ! De sorte que, pour décider la commune à cette acceptation, on a d'abord allégué que l'ancienne église ne pourrait plus servir au culte, et puis, en présence de cet attachement que les habitants ont montré pour ce vieux monument, on promet d'y rétablir le culte, à la condition essentielle et *préalable*, car il ne faut pas de surprise, que la nouvelle église serait acceptée.

Il semble résulter de ce qui précède que le but principal des efforts de Monseigneur est la fondation d'une église centrale à La Tresne. C'est vraisemblable en ce qui le concerne ; mais il faut compter, dans cette affaire assez complexe, avec d'autres personnes qui ont aussi leurs vues particulières. La question dont la solution est proposée aux habitants de La

Tresne est indiquée, avec son véritable sens, dans une lettre du 7 janvier 1860, adressée par Monseigneur le Cardinal à M. le Maire de La Tresne. Nous la reproduisons tout entière, à cause de son importance :

« Bordeaux, le 7 janvier 1860.

« Monsieur le Maire,

» En m'informant, par la lettre que vous m'avez écrite le 15 du mois dernier, de la décision prise, le 4 du même mois, par le Conseil municipal de La Tresne, vous avez eu le soin de me faire connaître les motifs sur lesquels on s'est appuyé pour écarter l'offre faite à la commune, par M. le comte de Bonneval, de l'église dont il achève la construction. Je n'examine pas jusqu'à quel point le Conseil municipal, en se prononçant par un refus, a compris les intérêts de la commune. Je m'arrêterai seulement à quelques observations.

» On a regretté que M. de Bonneval n'ait pas fait connaître en quoi consisterait sa donation, et si elle comprendrait d'autres objets que l'église elle-même. M. le Comte aurait cédé à la commune, non seulement cet édifice complètement achevé, de plus un très bel autel, avec treize statues en marbre blanc; en outre, il aurait consenti à ce que le plateau qui est devant l'église devînt commun aux habitants et au service des maisons demeurant la propriété de M. de Bonneval.

» Quelques inconvénients auraient pu se rattacher à l'adoption de l'église nouvelle. Mais évidemment ils étaient plus que compensés par les avantages précieux résultant de la donation projetée, surtout par celui d'acquérir, à des conditions qui, comme je vais le démontrer, auraient été fort peu onéreuses, une église magnifique, située au centre de la population.

» Rien n'aurait exigé la translation du cimetière. Il pouvait être conservé, ainsi que l'église paroissiale, qui serait devenue chapelle de secours pour les sépultures et services funèbres. Ainsi, les traditions se seraient conservées, et les intérêts religieux auraient été favorisés.

» Quant aux dépenses qu'aurait occasionnées le changement d'église dont le Conseil municipal s'est surtout préoccupé, elles auraient subi des réductions très considérables que je vais signaler.

» La somme de trente mille francs réclamée par M. de Bonneval ne représente qu'une très faible partie du montant de la construction de l'église, et encore cette somme n'aurait-elle pas été perdue pour la commune, puisque M. de Bonneval se proposait de la consacrer à la dotation perpétuelle d'une école de filles.

» En adoptant la voie de donation pour l'acquisition, par la commune, de l'église et du plateau qui est au devant, les droits d'enregistrement établis non sur la valeur, mais sur le revenu d'un immeuble improductif, auraient atteint à peine la somme de deux mille francs, et auraient pu s'arrêter à quelques cents francs. Un notaire s'était offert à M. de Bonneval pour passer sans frais l'acte de donation.

» On ne voit pas quelles dépenses la prise de possession aurait pu occasionner. Quant aux *douze mille francs* attribués à la translation du cimetière, il n'y avait pas à les mettre en compte, puisque cette translation n'était pas nécessaire, et que d'ailleurs, si elle avait eu lieu, les frais auraient pu être compensés par la valeur, soit du terrain du cimetière abandonné, soit des matériaux de l'église qu'il eût fallu démolir.

» Il résulte de ces explications que les dépenses évaluées à 80,460 francs se seraient réduites à 32,000 francs. Et encore cette somme aurait pu trouver une diminution notable dans le produit des écolages, dont la perception se serait faite au profit de la commune, attendu que les Sœurs, dont l'entretien était assuré par la rente de 1,500 francs, n'auraient eu rien à recevoir de leurs élèves.

» En vous transmettant ces observations, Monsieur le Maire, mon intention n'est nullement d'inviter le Conseil municipal à revenir sur sa détermination. Qu'elle soit maintenue et que M. le comte de Bonneval conserve son immeuble, je le regretterai sans doute, dans les intérêts de la commune, mais je n'insisterai plus.

» Je ne dois pas cependant méconnaître et me dissimuler la situation anormale et très fâcheuse dans laquelle se trouvera, sous le rapport du service religieux, la paroisse de La Tresne, lorsque l'église bâtie par M. de

Bonneval, demeurant sa propriété privée, devra, d'après les règles canoniques, cesser de servir au culte public. Alors l'église paroissiale se trouvera évidemment impropre à sa destination. Elle y convenait parfaitement lorsque la commune de Cénac était réunie à La Tresne pour le service religieux. Elle occupait à cette époque une position à peu près centrale, laquelle a cessé d'avoir ce caractère depuis l'érection de Cénac en succursale. Aujourd'hui l'église est située à l'extrémité de la paroisse; la grande majorité de la population en est fort éloignée, et ce n'est qu'en traversant de longues distances que les habitants de la palu et du voisinage de la grand'route peuvent s'y rendre.

» D'une autre part, l'état de dégradation de cette église réclamerait des travaux considérables. Attendu ces inconvénients de sa situation, IL NE SERA *pas possible d'autoriser ces travaux, auxquels M. le Préfet s'opposerait* COMME MOI, *et qui ne pourraient obtenir l'assentiment de la Commission des monuments.*

» C'est vous dire, Monsieur le Maire, que la paroisse de La Tresne a indispensablement besoin d'une nouvelle église à placer au centre de la population et à portée des propriétaires et des habitants de la palu, qui auraient trop à souffrir de l'éloignement. On doit, en outre, tenir compte de la situation du presbytère [1]. La distance qui le sépare de l'église va rendre moralement impossible les obligations journalières du ministère de M. le Curé, ce qui est un motif très grave pour la translation de l'église.

» Je suis donc obligé de réclamer cette mesure et de vous prier de communiquer mes observations et ma demande au Conseil municipal. Il voudra bien s'en occuper et prendre, sur cette importante affaire, une délibération qui énoncera ses intentions et ses vues, et d'après laquelle j'aviserai en ce qui me concerne.

» Agréez, Monsieur le Maire, l'assurance de ma considération très distinguée.

» *Signé* : † FERDINAND, Cardinal DONNET,
» *Archevêque de Bordeaux.* »

---

[1] La Municipalité a toujours été disposée à rapprocher le presbytère de l'ancienne église; c'est un charmant domaine qu'on eût vendu *vingt-cinq mille francs,* et remplacé par un autre de *quinze mille.*

Le but de cette lettre est de faire comprendre à l'administration municipale de La Tresne les avantages que cette commune retirerait en abandonnant l'ancienne église pour accepter, à la place, celle que M. le comte de Bonneval avait commencée en 1852 et qu'il achevait en 1860. Les inconvénients d'un refus sont signalés très vivement, surtout dans le passage où Monseigneur dit que, ni lui, ni M. le Préfet, ni la Commission des monuments, n'autoriseront la réparation de l'ancienne église.

C'est dans ces mêmes termes qu'en ce moment, en 1865, la question se pose, et nous allons examiner s'il y a lieu, pour les habitants de La Tresne, d'accepter l'église de M. de Bonneval.

Les principaux arguments en faveur de l'affirmative sont toujours ceux que fait valoir Monseigneur, dans la lettre que nous venons de lire ; ils sont au nombre de trois :

I

L'ancienne église, qui était convenablement située quand Cénac était réuni à La Tresne, ne l'est plus depuis que l'on a érigé Cénac en commune distincte.

Cette raison n'est pas même spécieuse. Sans doute, au point de vue de la symétrie, la position de l'église a été modifiée : elle n'est plus autant au centre de la paroisse. Mais la distance des habitations et des diverses parties du territoire de La Tresne n'a pas été augmentée, et si avant on pouvait aller de là à l'église sans fatigue, rien n'empêche qu'il en soit encore ainsi. C'est ce que sentent les fidèles, qui, loin de se plaindre d'être obligés d'y aller, demandent précisément qu'on leur laisse le droit de le faire. Ils ne comprennent pas pourquoi cette église, qui était bien placée et suffisante quand elle servait à un plus grand territoire et à d'autres fidèles, est mal placée et insuffisante depuis que la paroisse a été diminuée en étendue !

Ni la raison, ni le droit civil, ni le droit cononique ne disent que c'est une condition essentielle pour une église d'être exactement au centre de la paroisse : tandis qu'au contraire, d'après l'article 77 du décret du 18 germinal an X, la célébration des offices, dans l'église de M. de Bonneval, n'est licite qu'à titre provisoire. Or, ce provisoire, qui dure déjà depuis le 1ᵉʳ février 1864, c'est-à-dire depuis plus d'un an, ne paraît pas près de finir.

II

L'église de M. de Bonneval est centrale.

C'est une bien grande erreur. En mesurant la distance de chacune des deux églises aux quatre points extrêmes du territoire de La Tresne, et qui sont : Lamothe, Cardayre, Rambal et Pardailhan, on obtient les résultats suivants :

De Lamothe à la vieille église, passant par le chemin vicinal n° 1.	4,240ᵐ
Du Cardayre à l'église paroissiale.	2,620
De Rambal — —	1,480
De Pardailhan — —	1,000
TOTAL.	9,340ᵐ

De Lamothe à l'église de M. de Bonneval, passant sur la route départementale.	3,720ᵐ
Du Cardayre à l'église de M. de Bonneval.	2,460
De Rambal — —	1,920
De Pardailhan — —	1,740
TOTAL.	9,840ᵐ

On voit que la moyenne des distances est en faveur de l'ancienne église. Et ce qui est bien plus important, c'est qu'à cette même église aboutissent plusieurs chemins vicinaux classés, tandis que, pour arriver à l'église de M. de Bonneval, il faudrait faire 2,300 mètres de chemins nouveaux, qui, à 20 francs le mètre, coûteraient 46,000 francs au moins. Un plan, joint au présent Mémoire, donne la position respective des églises par rapport aux limites de la commune et aux principales habitations.

L'église de M. de Bonneval est en outre dans une position inusitée, dont les inconvénients ont été signalés à Monseigneur; elle est bâtie sur un rocher escarpé, à vingt-quatre mètres au dessus de la route départementale, ce qui serait convenable pour un château féodal, mais ce qui, pour une église catholique, est l'inverse de ce qui se fait. Les routes les plus dispendieuses n'en rendront jamais l'accès facile aux infirmes et aux vieillards.

Le monument construit par M. le comte de Bonneval n'était pas destiné à devenir l'église paroissiale de La Tresne. C'est ce qui explique beaucoup de choses, notamment les impropriétés de cet édifice pour sa destination nouvelle, et les difficultés qu'éprouvent M. de Bonneval et la commune à s'accorder sur ce marché imprévu, dont Monseigneur s'est fait l'intermédiaire si zélé.

Ce monument fut construit pour servir de chapelle à une communauté religieuse, dont plusieurs membres ont fréquemment inspecté les travaux. Le but primitif n'a pu être atteint. A qui la faute? Est-ce à M. de Bonneval? à cette communauté? Il ne nous appartient pas de le dire; mais nous avons le droit de soutenir que les habitants de La Tresne n'ont pas mérité qu'on leur fasse supporter les conséquences de la déception qu'a éprouvée M. de Bonneval.

Cette destination primitive de la chapelle et des bâtiments accessoires qu'a fait construire M. de Bonneval n'est point, du reste, complètement manquée. Seulement, au lieu de la puissante communauté sur laquelle on comptait, ce sont quelques sœurs de Saint-Vincent-de-Paule qui habitent un logement contigu à la chapelle. Ces respectables Sœurs se sont donné la mission d'enseigner les enfants et de soigner les malades; par conséquent, il faut leur confier une école et un hôpital, à la charge de la commune, bien entendu. C'est de toute nécessité, quoiqu'elle n'ait aucun besoin d'un hôpital, et que la majorité veuille l'instruction laïque.

Les Sœurs ont déjà commencé à enseigner; mais elle se sont vu préférer, par la grande majorité des pères de famille, l'institutrice communale. Alors, elles ont cherché, ou on a cherché pour elles, à supprimer cette concurrence : de là, une cause de tribulations très pénibles pour les institutrices qui se sont succédé à La Tresne, et de dommages pour les parents et pour les enfants.

Voici, en effet, un résumé très atténué de ce qui s'est passé :

C'est en 1854 que les Sœurs se sont établies chez M. de Bonneval, dans les bâtiments attenants à la chapelle. — L'institutrice communale alors en fonctions, Mme Laffargue, fut invitée par M. le Curé et M. le Maire d'alors à donner sa démission, ce qu'elle fit moyennant une indemnité de 1,200 francs, qui lui fut payée par M. de Bonneval. — Les habitants de La Tresne, qui étaient satisfaits de cette institutrice, essayèrent de la retenir, et, n'ayant pas réussi, ils adressèrent une pétition au Conseil municipal pour obtenir la nomination d'une autre institutrice laïque. M. le Maire résista, engageant le Conseil à expérimenter l'enseignement donné par les Sœurs. L'expérience a déterminé l'administration à nommer, en mai 1862, Mlle Thinus institutrice communale. L'enseignement donné par les Sœurs était si défectueux, que les parents envoyaient leurs enfants dans les écoles des communes voisines, ou ne les envoyaient nulle part.

Mlle Thinus a relevé l'enseignement primaire à La Tresne; son école est de plus en plus prospère; mais elle expie ces avantages par les persécutions dont elle est constamment l'objet de la part de tous ceux qui favorisent la petite communauté. On a été jusqu'à la dénoncer à l'autorité supérieure, quoique les parents de ses élèves ne se soient jamais plaints; M. le Curé s'est même occupé d'elle en chaire, d'une manière aussi opposée aux convenances qu'à la charité. Mlle Thinus avait une situation très pénible; l'administration supérieure l'avait nommée ailleurs, et l'avait remplacée à

La Tresne par M¹¹ᵉ Kern, qui, après avoir accepté avec joie, refusa opiniâtrement ce poste, à la suite d'une visite qu'elle fit à M. le Curé. Cette circonstance fit comprendre à l'administration que les hostilités manifestées contre M¹¹ᵉ Thinus se renouvelleraient contre toute autre institutrice laïque. Le changement de M¹¹ᵉ Thinus ne pouvant avoir que des inconvénients, on l'a maintenue à La Tresne.

Quant aux soins que les Sœurs devaient donner aux malades, il n'y a pas lieu de parler de ce qu'elles n'ont pas fait. Admettons que, lorsque ce commencement de communauté se sera développé, que son personnel et ses ressources auront atteint les proportions qu'on espère, l'assistance, la compassion et les remèdes seront mieux distribués que par les sociétés laïques, bureau de bienfaisance et société de secours mutuels, — ce qui est douteux, — à quel prix obtiendra-t-on ces avantages ?

III

La commune de La Tresne ferait une excellente affaire au point de vue financier, en acceptant l'offre de M. le comte de Bonneval.

Monseigneur revient sur cet argument dans presque toutes ses lettres, et, dans celle du 7 janvier 1860, il parle de la vente du terrain de l'ancien cimetière et des matériaux de l'ancienne église comme de moyens propres à compléter les avantages de cette offre.

La démolition de l'ancienne église, que redoutent les habitants de La Tresne, et où, pour les consoler, on promet de rétablir le culte au moyen d'un vicariat, serait la conséquence inévitable de l'acceptation de la nouvelle église de M. de Bonneval. La translation du cimetière serait également nécessaire. Quelle dépense et quel trouble dans les habitudes de la population ! Le Conseil municipal, dans sa délibération du 4 novembre 1860, s'est expliqué sur ce point dans les termes suivants :

« Considérant que le changement de l'église entraîne forcément l'abandon du cimetière attenant ; qu'il en résultera une forte dépense et des difficultés inévitables, à cause des concessions de terrain et des monuments qui y sont construits ; qu'un changement de cimetière produit toujours une impression pénible qu'il faut éviter autant que possible aux populations... »

A ces considérations judicieuses il faut joindre celles tirées de la législation, qui s'oppose à ce que la commune compense avec le produit de vente des terrains de l'ancien cimetière le coût des terrains nécessaires au nouveau. Les articles 8 et 9 du décret du 23 prairial an XII portent que les cimetières abandonnés doivent rester cinq ans dans l'état où ils se trouvent ; les communes peuvent ensuite les affermer, seulement et à condition qu'ils ne seront qu'ensemencés ou plantés. Il ne peut être fait aucune fouille ou fondation pour des constructions de bâtiment, jusqu'à ce qu'il en ait été autrement ordonné.

Cette bonne affaire imposerait donc des charges énormes à la commune, dont voici l'évaluation approximative :

Établissement du nouveau cimetière et translation de l'ancien.	12,000ᶠ
Prix d'acquisition de la nouvelle église actuellement demandé par M. de Bonneval.	30,000
Frais d'enregistrement et de contrat.	3,000
Travaux à faire dans la nouvelle église pour l'approprier à sa destination d'église paroissiale.	18,000
Coût des chemins à faire.	46,000
Construction d'un mur de clôture destiné à isoler les bâti-	
A reporter.	109,000ᶠ

Report. 109,000ᶠ

ments acquis de la propriété de M. de Bonneval; condition du marché. 1,000

Acquisition d'un jardin pour l'hospice projeté et imposé comme condition du traité. 2,000

TOTAL. 112,000ᶠ

Voilà pour le principal. Mais il y a des accessoires.

Les deux ailes des bâtiments latéraux seraient affectées, sans pouvoir changer de destination : celle de l'est, au logement des Sœurs de Saint-Vincent-de-Paule, ou toutes autres qui seraient uniquement occupées de l'éducation des filles de la commune et auraient la faculté d'adjoindre à leur école un pensionnat de jeunes filles étrangères à La Tresne; l'aile du côté ouest serait destinée à un hospice.

Une Commission dite *de l'Hospice*, composée de M. de Bonneval ou de son successeur, du Curé, d'un Membre de la Fabrique choisi par elle, d'une Sœur ayant voix consultative et d'un délégué du Conseil municipal, aurait la direction des fonds appartenant à ces deux institutions accessoires à l'église et déciderait s'il conviendrait d'augmenter le nombre des sœurs préposées à l'instruction ou s'il conviendrait mieux d'appliquer les excédants de ressources à la fondation de l'hospice. Telles sont les dernières propositions de M. de Bonneval que Monseigneur a fait transmettre à la commune de La Tresne par l'intermédiaire de la Préfecture.

La double fondation qu'elles impliquent n'est ni dans les vœux, ni dans les intérêts, ni dans les pouvoirs de la commune.

Les institutions de bienfaisance qu'elle possède, le droit d'envoyer les blessés et les malades à l'hôpital de Bordeaux moyennant une légère contribution, le petit nombre de ses indigents, la dispensent d'avoir un hôpital dont l'entretien seul est une charge considérable, et dont l'existence serait une singularité pour une petite commune rurale.

L'établissement à perpétuité d'une communauté enseignante est contraire aux articles 31 et 50 de la loi du 15 mars 1850, d'après lesquels les institutrices et instituteurs communaux sont nommés individuellement par le Conseil municipal. Certainement, M. le Ministre de l'Instruction publique ne laisserait pas s'accomplir une absorption de l'enseignement laïque par l'enseignement monastique. M. le Ministre de l'Intérieur annullerait toute délibération ou approbation, ou tout arrêté qui aurait admis une pareille illégalité.

Dans cette situation, les soussignés s'adressent à vous, Monsieur le Préfet, comme représentant l'État dans ce département, avec ses pouvoirs et ses devoirs de tuteur des communes, pour empêcher que les vœux des habitants de La Tresne ne soient méconnus ou violentés, que les finances ne soient témérairement engagées, et pour que les habitudes religieuses des habitants ne soient froissées d'une manière fâcheuse pour le présent et pour l'avenir.

Tout le monde pourra connaître prochainement en la forme légale et par une épreuve décisive les intentions de la population de La Tresne au moyen des élections municipales. Le Conseil actuel s'est déjà prononcé ; on consultera le nouveau. Les propositions qui touchent aux intérêts de M. de Bonneval et à ses intentions généreuses, celles aussi que Monseigneur le Cardinal voudra y joindre dans l'intérêt de la religion, pourront se produire, et tout le monde acceptera ce qui sera décidé par les élus de la Commune.

En ce moment, la résistance à ce qui paraît injuste et nuisible est un devoir ; mais les pétitions et les protestations sont à peu près les seuls moyens que puissent employer les habitants de La Tresne. Ils ont, par l'intermédiaire de leur Maire, demandé une consultation à deux avocats de Paris, et quelques habitants en particulier en ont demandé une seconde à un avocat de Bordeaux. Les conclusions de ces deux consultations sont que la commune a le droit de demander le rétablissement du culte dans son église paroissiale, et que sa célébration dans le local appartenant à M. de Bonneval n'est légal qu'à la condition d'être provisoire, c'est-à-dire de cesser le plus tôt possible. Mais on ajoute que les moyens d'exercer ce droit, malgré la résistance de l'autorité épiscopale, manquent presque complètement à la commune, et on indique ceux qui peuvent être employés avec l'aide de l'administration supérieure.

Voilà pourquoi, Monsieur le Préfet, nous prenons la liberté de vous adresser l'exposé qui précède, en vous priant de vouloir bien autoriser la réparation de l'église de La Tresne, en approuvant les plans et devis dressés par M. Grellet, architecte, et acceptés par le Conseil municipal, et d'inviter Monseigneur l'Archevêque de Bordeaux à rétablir l'exercice du culte dans cette église dès que sa réparation sera terminée.

La Tresne, février 1865.

Les Membres de la Commission :

MABILLE père,   BARRAUD jeune,
GERGERET père,   CASTANNET aîné.

Bordeaux, Imprimerie de Lavertujon, rue des Treilles, 7.

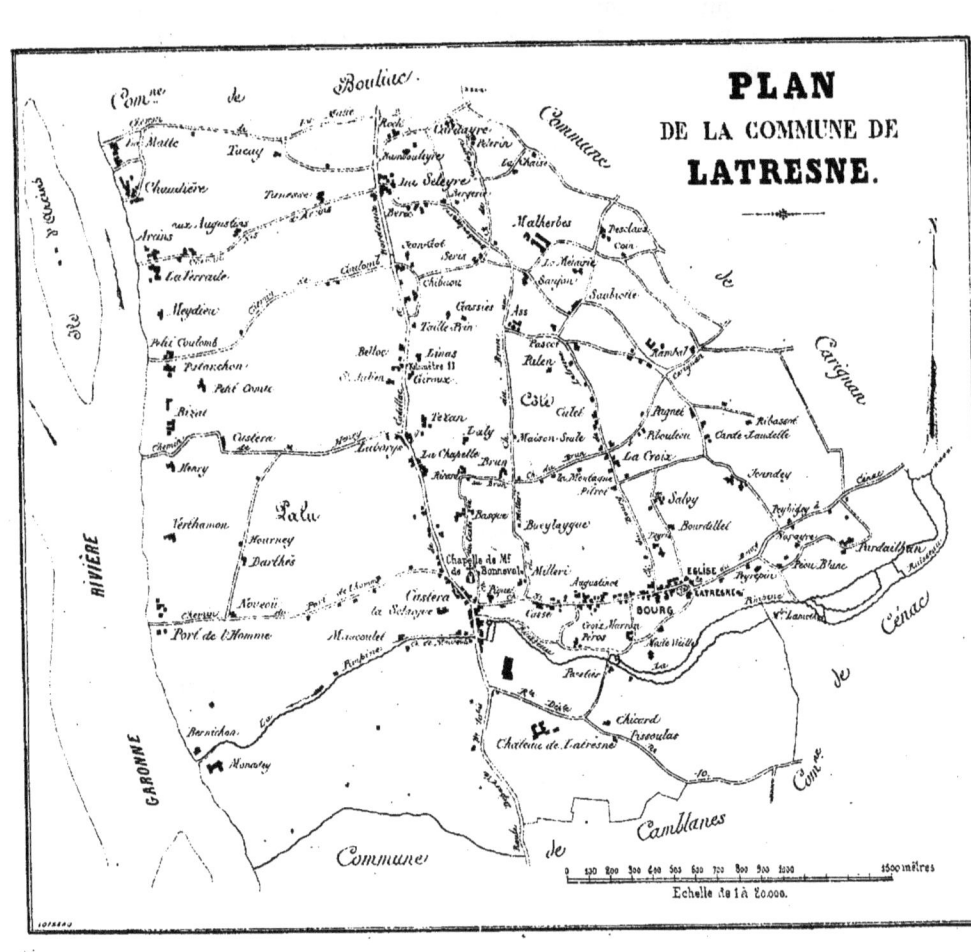